Astronautas

por Carmen Bredeson

Consultores
Minna Gretchen Palaquibay
Centro Rose para la Tierra y el Espacio
Museo Americano de Historia Natural
Nueva York, Nueva York

Nanci Vargus, Ed.D.
Maestra primaria
Escuelas de Decatur
Indianápolis, Indiana

Katy Kane
Consultora de educación

Traductora
Eida DelRisco

Children's Press®
Una división de Scholastic Inc.
Nueva York Toronto Londres Auckland Sydney
Ciudad de México Nueva Delhi Hong Kong
Danbury, Connecticut

Diseñador: Herman Adler Design
Investigadora de fotografías: Caroline Anderson
La foto en la cubierta muestra al astronauta Michael Lopez-Alegria trabajando
en la Estación Espacial Internacional.

Información de Publicación de la Biblioteca del Congreso de los EE. UU.

Bredeson, Carmen.
    [Astronauts. Spanish]
    Astronautas / de Carmen Bredeson
          p. cm. — (Rookie Español)
    Incluye índice.
    ISBN 0-516-24441-8 (lib. bdg.)   0-516-24699-2 (pbk.)
      1. Astronáuticas —Literatura juvenil. 2. Astronautas—Literatura juvenil.
[1. Astronáuticas. 2. Astronautas. 3. Ocupaciones. 4. Materiales en lengua
española.] I. Título. II. Serie.

TL793.B729318   2004
629.45'0092'2—dc22

                    2003062618

Los astronautas son hombres y mujeres quienes viajan al espacio.

Los primeros astronautas
volaron en pequeñas
cápsulas espaciales.

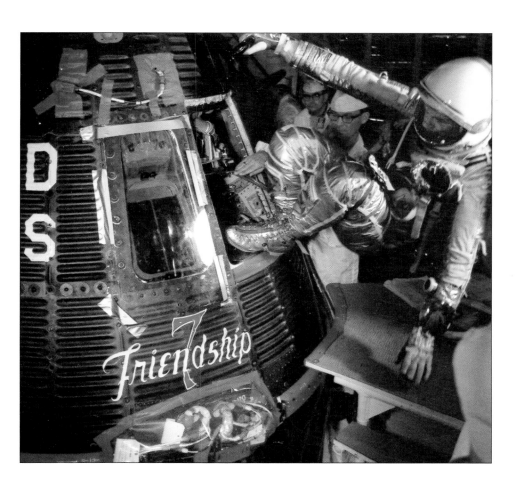

En estas pequeñas cápsulas
sólo cabía una persona.

Hoy en día, los astronautas
vuelan en naves espaciales.

Dentro de la nave espacial
caben ocho personas.

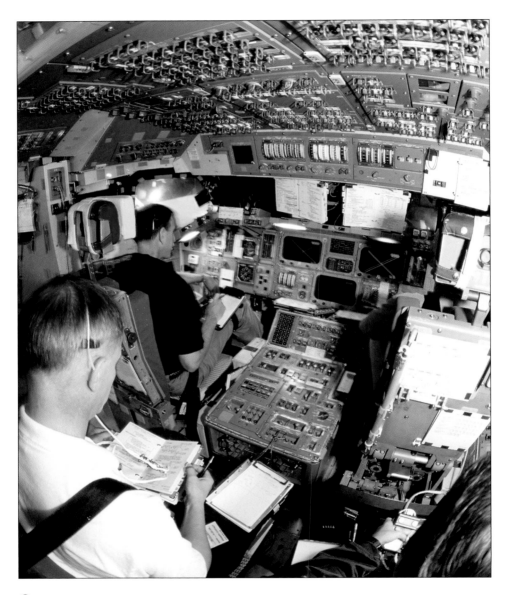

8

Los astronautas entrenan
durante más de un año para
prepararse para un vuelo.
Ellos tienen que aprender
a hacer trabajos especiales.

El comandante es el jefe del vuelo. Este astronauta conduce la nave espacial. El comandante también tiene a su cargo la seguridad de la tripulación.

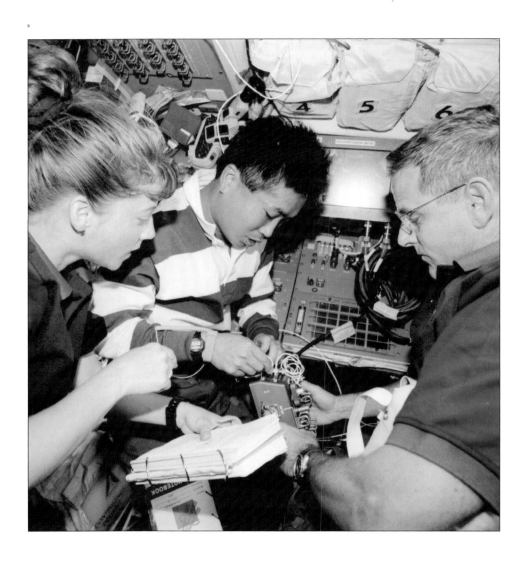

La tripulación pasa meses
aprendiendo cómo funciona
la nave espacial.

¿Qué pasaría si algo se rompe
en el espacio? Los astronautas
necesitan saber cómo arreglarlo.

Los astronautas hacen experimentos durante el vuelo. Algunos estudian cómo crecen las plantas en el espacio.

15

16

A veces, uno de los astronautas es doctor. El doctor le hace pruebas a la tripulación. Quiere aprender qué efecto produce sobre los cuerpos el estar en el espacio.

Los astronautas salen a pasear
por el espacio.
Ellos se ponen grandes
trajes espaciales para
trabajar en el espacio.

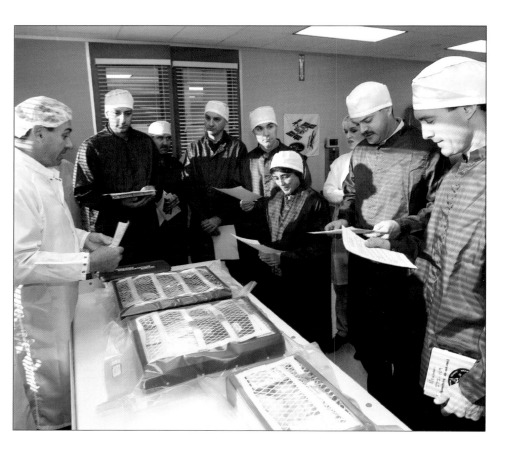

Muchos astronautas son científicos
o doctores. Ellos tienen que haberse
graduado de la universidad.

Los astronautas también necesitan ser muy saludables.

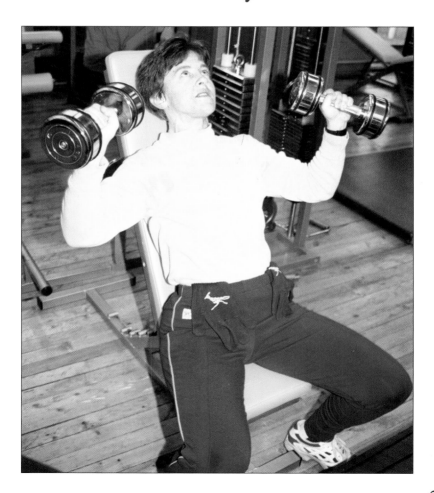

¿Quieres ser astronauta?
Estudia mucho en la escuela.

Haz ejercicios y come alimentos
saludables para ponerte fuerte.

Hoy en día, hay algo nuevo en el espacio. Es la Estación Espacial Internacional.

25

La estación completa va
a durar muchos años
en construirse.

Se necesitarán muchos
astronautas para este trabajo.

Quizás serás un astronauta.

¿Trabajarás en la estación espacial?

¿Serás la primera persona que camine sobre Marte?

Palabras que sabes

astronauta

comandante

Estación Espacial Internacional

cápsula espacial

nave espacial

traje espacial

31

Indice

Acerca de la autora

Carmen Bredeson ha escrito docenas de libros informativos para niños. Vive en Texas y disfruta viajar y hacer investigaciones para sus libros.

Créditos de fotografías